Los poetas no crean poesía a través de la sabiduría, sino a través de una especie de inspiración que puede ser encontrada en profetas o videntes, ya que pueden decir muchas cosas bellas sin saber lo que significan.

–Sócrates–

Los poetas sólo son intérpretes
de Dios.

-Sócrates-

Un alma rebelde y mil suspiros

SOL BARRIENTOS

Un alma rebelde y mil suspiros.
D.R. © 2017, Sol Barrientos.

Diseño de portada: Daniela Villa.
Editor: Rafael Arellano.
Imagen de portada: Real Glamour Studio.

ISBN-13: 978-0692909270
ISBN-10: 0692909273

USA, JULIO 2017

Todos los derechos reservados. Esta publicación no puede ser reproducida, ni en todo, ni en parte, ni registrada en/ o transmitida por un sistema de recuperación de información, en ninguna forma ni por ningún medio sea mecánico, magnético, por fotocopia o cualquier otro sin el permiso previo del autor o editorial.

Un alma rebelde y mil suspiros

SOL BARRIENTOS

A mis padres:

Orbelin Barrientos y Edilma Serrano.

El día que los pierda… El cielo azul se vestirá de luto, y llorará sin cesar eternos días y eternas noches, el inmenso mar gritará a los cuatro vientos… Un minuto de silencio. Los relojes del mundo dejarán de latir... Y el mundo sabrá, que es por ti.

A mis hermanas:

Yanira Barrientos y Orbilma Barrientos.

Ella es un rico pastel relleno de ternura, una trufa blanca de Alba en una elegante envoltura; Ella ha llorado en silencio todos mis infiernos, en su corazón me ha abrigado en muchos inviernos.

Índice

El DÍA QUE TE PIERDA 15
COCO CHANEL 18
NAUFRAGO 25
TRAFICANTE DE BLANCAS 27
LA RENOVACIÓN DEL ÁGUILA 31
NARCISISTA 33
DESILUSIÓN 37
SUPERPOBLACIÓN 39
DULCE AMANECER 41
MAL PADRE 42
UN DESEO 44
MACHISMO 45
JUSTICIA 47
UN DELINCUENTE 49

ERES MÍO	52
ADOLESCENTE	54
AQUÍ ESTOY	57
HAY AMORES	59
EL ILEGAL	61
MUJER DE TERCIOPELO	62
AMOR BONITO	64
ALMA MÍA	65
GANAS DE TI	67
INSOMNIO	69
ADOLESCENCIA DORADA	70
MUNDO DE PLÁSTICO	71
UNA PESADILLA	72
LA MALDICIÓN DE LA BRUJA	74

UNA MONJA 76

POEMA ROSA 78

BESO DE COLORES 79

HOY 82

LA VIDA ES CORTA 84

SAN MIGUEL ARCÁNGEL 86

TE MARCHASTE 88

EL AMOR DE MI VIDA 89

MADRE AUSENTE 90

LAS TROMPETAS 92

GRACIAS SEÑOR 94

EL MUNDO LLORA 97

UN PEÓN Y UNA REINA 99

Prólogo

Es un cálido roce en la piel de amor, nostalgia y tristeza. Son mil suspiros desde el corazón y dicen que un suspiro es un beso que no se dio.

Es la rebeldía de querer combatir la ignorancia que obscurece muchas almas inocentes. Todos somos ignorantes en la vida, en algún tiempo, en un lugar, en algún país desconocido, hasta que decidimos dejar de serlo.

En este libro los protagonistas son un alma rebelde y ese ser que pasa por la vida mirando sin ver, oyendo sin escuchar y hablando sin decir nada.

"Yo sólo sé que no sé nada"
-Sócrates-

Frases célebres filósofo griego…
Sócrates.

- Sólo hay un bien: el conocimiento. Y un mal: la ignorancia.

- La duda es el inicio de la sabiduría.

- Prefiero el conocimiento a la riqueza, ya que el primero es perenne, mientras que la segunda es caduca.

- El conocimiento empieza en el asombro.

- El único conocimiento verdadero es saber que no sabes nada.

- El grado sumo del saber es examinar el por qué.

- Sólo Dios es el sabio definitivo.

El DÍA QUE TE PIERDA

El día que te pierda... Todo para mí habrá terminado, habrán terminado todos mis sueños y mis alegrías, terminarán mis monstruos... Terminarán mis pesadillas, y todos mis miedos se embarcarán en un viaje sin regreso.

El día que te pierda... Habrá muerto el amor de mi vida, morirá contigo esa princesa rosa por ti consentida, sonará cruel y triste la más

dulce y alegre melodía,
partirán contigo todas mis
ilusiones y mis fantasías.

El día que te pierda... El
cielo azul se vestirá de luto,
y llorará sin cesar eternos
días y eternas noches, el
inmenso mar gritará a los
cuatro vientos... Un minuto
de silencio. Los relojes del
mundo dejarán de latir... Y
el mundo sabrá, que es por
ti.

El día que te pierda... Mi
cuerpo caminará inerte por
la vida, se irá contigo
pálida y cansada toda mi
débil esperanza, las

luciérnagas no alumbrarán
la triste noche jamás, y los
grillos cantarán por última
vez... Para que descanses en
paz.

Un alma rebelde y mil suspiros

COCO CHANEL

Yo soy Coco Chanel... Una diseñadora francesa famosa, fui una mujer ambiciosa, hiperactiva, y bastante exitosa, fui criada en un orfanato de monjas... Donde aprendí a coser, todos los días pensaba en suicidarme... Fue muy difícil crecer.

Yo soy la creadora y diseñadora del famoso traje sastre femenino, y fui una de las promotoras del uso del cabello corto masculino.

cuando una mujer se corta
el cabello... Está por
cambiar su vida, yo siempre
fui en el amor y en mi
profesión... Bastante
atrevida.

Yo nací sin alas... Y nunca
hice nada para impedir que
me crecieran, viste vulgar y
verán tu vestido, viste
elegante y a la mujer verán,
la moda siempre pasará de
moda... Y el estilo no
pasará jamás,
y decir que la libertad
siempre es elegante... Eso
está por demás.

Un alma rebelde y mil suspiros

Yo me vestí siempre como si fuera a conocer a mi peor enemiga, fui inteligente y mi intuición empresarial fue mi mejor Amiga. Una mujer que no usa perfume será siempre una mujer sin futuro, se triunfa con lo que se aprende y con inteligencia... El éxito es seguro.

Yo utilicé mi estilo y mi imaginación para crear un gran imperio, para mi época fui una mujer avanzada... Siempre usé mi criterio, yo convertí la insignificante

fantasía... En codiciados
accesorios, y hasta mis
gestos me envidiaban... mis
pequeños adversarios.

Yo liberé el cuerpo
femenino de la esclavitud,
del tradicional corset,
yo puse de moda el
bronceado... Cuando la piel
blanca era el jet-set,
mi famoso perfume Chanel
No.5... Es mundialmente
conocido, y mi famoso
pequeño vestido negro...
Por el mundo es
reconocido.

Un alma rebelde y mil suspiros

No perdí mi tiempo, queriendo transformar una pared en una puerta, yo siempre fui para mis peores enemigos... Una gran compuerta, pensé siempre positivamente y aproveché todas las posibilidades,
 y en mi vida... Solo los hombres millonarios fueron mis debilidades.

Yo usé las camelias en mis trajes sastres... Como una decoración, y usé la espiga de trigo como un amuleto... Yo creí en la superstición. yo amé la obra de Alexander Dumas... La dama de las camelias,

la cortesana usaba una flor
para su disponibilidad... Y
no eran dalias.

Yo me dí el lujo de mirar a
los millonarios con
apariencia de pobre,
simplemente muchas veces
el oro no brilla... Tanto
como el cobre, durante toda
mi infancia solo ansié ser
una niña muy amada,
y siendo una diseñadora de
modas por el mundo fui
aclamada.

Yo me enamoré de Arthur
Capel y el día que murió...
Mori con él, él se casó con
otra mujer... Ella era

millonaria y yo no tenía su nivel, yo nunca me sentí vieja, cuando no era joven... Ganas tenía de vivir, y cuando me sentí vieja a los 87 años... Me fui a la cama a morir.

NAUFRAGO

En un día de tormenta, me
embarqué en tu corazón,
y en la isla de tu cuerpo...
Yo perdí toda la razón.
soy un náufrago de tus
caricias y de tus besos,
soy un náufrago de tus ojos
bellos y perversos.

Soy un náufrago en cada
poro de tu blanca piel,
soy un náufrago que
disfruta mirar tus ojos color
miel. Tengo sed... Pero no
quiero tomar agua de tu

mar, sin embargo, si he de
morir ¡Que sea por amar!

TRAFICANTE DE BLANCAS

Soy un traficante de blancas... Soy un criminal sin escrúpulos, yo a mi maestro obedezco en todo... Somos varios sus discípulos, tengo un olfato canino para detectar a mujeres jóvenes vulnerables, adolescentes que viven en condiciones económicas miserables.

Mi trabajo es enganchar, reclutar y secuestrar mujeres adolescentes, explotarlas sexualmente, golpearlas, y destruir sus mentes inocentes, de esta forma, de esclavitud moderna no se ha salvado ningún país, con algunas adolescentes me caso y les prometo luna de miel en París.

Mi trabajo supera económicamente el tráfico ilegal de drogas y armas, yo soy un semidios, yo no creo en injusticias y tampoco en los karmas, yo les pinto un futuro con un tono rosa, y enamoro a más de cinco a la vez,

las enamoro con flores y
cuando las entrego...
Desaparezco como un pez.

Mis víctimas las busco en
las escuelas y en grandes
eventos deportivos,
parezco buena persona, y
todos mis movimientos
parecen inofensivos,
para atraer víctimas uso el
internet... Anunciando
empleos tentadores,
por supuesto no anuncio
que soy parte de un grupo
de secuestradores.

Hace muchos años
secuestrábamos sólo
mujeres blancas europeas,

sólo blancas, porque las mujeres morenas eran consideradas feas, yo voy a seguir en este negocio, mientras exista la oferta y demanda, gracias a mi maldad son violadas millones de mujeres... Dios manda.

Sol Barrientos

LA RENOVACIÓN DEL ÁGUILA

Hoy llegó el momento de tomar una decisión, dejarme morir, o enfrentar una dolorosa renovación, hoy decido arrancar mi pico, mis uñas y mis plumas, y me las arrancaré con la ayuda de un cortaplumas.

Hoy llegó el momento de domar ese corcel indomable, porque yo soy la dueña de ese corcel... Yo decido ser amable, es verdad, yo nunca volveré a ser igual... Yo decido ser mejor, y hoy decido, cerrar esas heridas que me causaron mucho dolor.

Hoy decido comenzar una nueva vida, un nuevo vuelo, y sólo cuando tenga que morir... Volveré a pisar suelo. Voy a fundir mi carácter... Como se funde el hierro, y a mis malas experiencias Hoy las entierro.

NARCISISTA

Soy un narcisista... Tengo
Un desorden de
personalidad, me preocupa
excesivamente el poder,
prestigio y la vanidad,
mi enfermedad va más allá
de quererme a mí mismo,
yo sufro de un trastorno de
personalidad... Llamado
Narcisismo.

Yo soy el resultado de una
infancia insensible,
y con los problemas de
amigos y familiares... No
soy comprensible, yo tengo

baja mi autoestima... Por la falta de cariño, y mi personalidad es una capa protectora... Por lo que sufrí de niño.

Yo soy un ser especial, y me relaciono con personas especiales, soy engreído y creído, y me cuesta establecer amistades saludables, yo ridiculizo y desprecio para sentirme valorado y amado,
yo soy arrogante y soberbio... Y soy por muchos odiado.

Yo soy el centro del
universo... Y soy por el
mundo envidiado,
y exigo y necesito ser en
todo momento... Ser
elogiado, yo soy capaz de
aprovecharme de los
demás, para lograr mis
metas, yo soy el sol en el
sistema solar, y los demás
son simples cometas.

Yo no siento dolor ni
alegría... Me excita engañar
y manipular a otros,
yo miento sin problema,
controlo mi lenguaje
corporal mirando a los ojos,

no me gusta tolerar, ni
ceder ante al otro...
Rechazo el matrimonio,
y si decido casarme será
para tener poder y obtener
un patrimonio.

DESILUSIÓN

He perdido el interés en muchas cosas, quizá porque no eran tan maravillosas, quizá fue por mi falta de un compromiso,
quizá fue el no querer ser muy sumiso.

He perdido el interés en los amores, quizá por qué solo recibí dolores, me aburrió quizá la idea de amarrarme o quizá fue el terrible miedo a enamorarme.

He perdido el interés en las
amistades, quizá porque
eran todas falsedades, quizá
porque me parecían
aburridas, y con la amistad
nada comprometidas.

SUPERPOBLACIÓN

Yo soy la superpoblación...
Yo soy un gran problema,
soy un problema... Y muy
pocos quieren hablar del
tema, yo provoco
consecuencias muy
negativas en el mundo,
yo causo mucha hambre...
Y vuelvo al hombre
vagabundo.

Yo causo pobreza y tengo
preocupados a líderes
mundiales, saben que
vengo acompañada de días
y años infernales, yo tengo

preocupados a expertos en ciencias humanas,
saben que si no toman medidas acabaré con las razas humanas.

Conmigo llegará él hambre y el homicidio con fines caníbales, sumergiré al mundo en una época oscura... Como la de los tiempos medievales, el canibalismo será el resultado de tiempos extremos de hambre, y yo tejo varias mortajas de hambre con un tono de estambre.

Sol Barrientos

DULCE AMANECER

Hoy recuerdo mi
adolescencia, como
si fuera un dulce amanecer,
y ese corazón lleno de
inocencia, es la experiencia
de un atardecer.

Hoy recuerdo mi
adolescencia,
como olvidar tu dulce
sonrisa, transparente y sin
malicia, y esas ganas de
vivir de prisa.

MAL PADRE

Los años bañaron mis
cabellos de color plata,
y la conciencia de como
actué en la juventud ahora
me mata, fui un mal padre...
Negué a mis hijos mil
veces, y ahora con el miedo
que siento estoy pagando
con creces.

Los años pasaron y mis
manos... Ya no son fuertes,
y el reparar tanto daño se
volvió flores rojas inertes,
abusé con golpes como un

cobarde de mis pequeños
hijos, y los daños que les
causé se volvieron
dolorosos acertijos.

Los años pasaron... Mis
pies y mis ojos están
cansados, gracias a mi
maldad mis hijos vivían
con hambre y angustiados,
soy un mal padre ahora me
escudo diciendo... Era un
joven inmaduro,
sin embargo, con las
mujeres de la vida galante
¡Era muy maduro!

UN DESEO

Quiero enterrarte vivo en mi corazón y no llorarte cada verano sin motivo y sin razón, y acabar para siempre con esta desilusión.

Quiero enterrarte vivo en mi mente no pensar nunca más en quererte, y borrarte de mi vida para siempre.

Quiero enterrarte vivo en mi nariz no quiero oler más... Tu olor a regaliz, y lejos de ti... Para ser Feliz.

MACHISMO

Soy un hombre machista...
Yo soy superior a la mujer,
las mujeres nacieron...
Nada más para cocinar y
tejer, yo no voy a ayudar
nunca en las tareas del
hogar, las mujeres son
juguetes... No tienen
derecho a opinar.

Soy un hombre machista...
Y de la mujer abuso
verbalmente, uso la
violencia doméstica... Las
golpeo físicamente,

yo menosprecio en público
y privado a todas las
mujeres, las mujeres están
sólo para cumplir todos
nuestros placeres.

Soy un hombre machista...
Ellas tienen que ser sumisas
y recatadas, y por su forma
de vestir... Muchas mujeres
son violadas y asesinadas,
gracias a nosotros en 1908,
146 mujeres murieron
calcinadas, porque
protestaron por los bajos
salarios... Ellas fueron
eliminadas.

JUSTICIA

Pues que venga ya la justicia, ya basta de tanta injusticia, que se desamarren las mentiras, y el motivo por el cual suspiras.

Pues que venga ya la justicia, que se presente la denuncia, que se aclare por lo que deliras, y terminen todas las mentiras.

Un alma rebelde y mil suspiros

Pues que venga ya la justicia, y se destroce a la burocracia, quiero ver en dorado mi victoria,
y compartir con el mundo mi gloria.

UN DELINCUENTE

Soy un delincuente...
Respeto mis propios
códigos, y no temo nunca
alguna clase de castigos,
siempre me expreso de una
manera agresiva,
y tengo para todo momento,
una actitud impulsiva.

Soy un delincuente... Soy
resultado de un trastorno
mental, mas soy un ser
humano, algunas veces...
Sentimental, mis
experiencias traumáticas de
abandono,

ser rechazado por una
mujer no lo perdono.

Soy un delincuente... Soy el
resultado de abusos en una
niñez, fui educado en un
ambiente sin valores,
proyecto a través de mis
delitos, mis conflictos,
y planeo día a día mis
delitos.

Soy un delincuente...
Todavía no he cometido un homicidio, yo he cambiado de estados, de país y tengo un nuevo domicilio, para volver a recorrer el mismo camino, y es mi decisión seguir o cambiar mi destino.

ERES MÍO

Eres mío... Aunque lejos estés de mí, siempre tu corazón latirá sólo por ti. Eres mío... Como los peces son al mar y en tu mágico mar yo siempre voy a remar.

Eres mío aunque nunca mis labios te prueben, y aunque nuestro amor todos lo reprueben. Eres mío... Como las alas son a las aves, mi amor tú vida es mía y yo tengo las llaves.

Eres mío... Aunque pasen
los años sin verte, y ni
después de la muerte,
dejaré de quererte.
Eres mío... Como los
latidos son al corazón, y
solo el corazón en el amor
tiene la razón.

ADOLESCENTE

Adolescente me dicen por
donde camino, y ser feliz es
mi objetivo y mi destino,
yo vivo los años más
difíciles de mi vida,
y mi actitud por mi familia
no es comprendida

Adolescente soy...Y tengo
una gran imaginación,
le dedico un gran tiempo al
espejo... Sin consideración,
tengo la sensibilidad
adiamantada a flor de piel,
el atentar contra mi
independencia es ser hiel.

Adolescente soy... Estoy en
desarrollo biológico, y no
hacer y decir lo que quiero
es ilógico, estoy en un gran
desarrollo sexual y social, y
que nadie diga que lo que
hago es inmoral.

Adolescente soy... Estoy
obsesionado con la ropa,
y mi gran sueño es viajar
sólo a Europa, tengo un
gran gusto por disfrutar mi
tiempo en soledad,
soy excéntrico en el vestir
 y el pensar en la sociedad.

Un alma rebelde y mil suspiros

Adolescente soy... Y parezco bastante inocente, ¡cuídame! El mayor porcentaje de violaciones... Los comete un adolescente, nunca me dejes solo con mis hermanitos, yo no puedo cuidarlos... Sólo porque yo soy grande y ellos chiquitos.

AQUÍ ESTOY

Aquí estoy degustando un
delicioso napoleón,
peleando y ganando
guerras como el rey león.

Aquí estoy sintiéndome
presa de tu gran pasión,
permitiendo que me beses
cada herida de mi corazón.

Aquí estoy mirando llover
gota a gota mis sueños
guajiros, soñando que
nuestro amor es eterno
como los vampiros.

Aquí estoy soñando a diario que me tienes presa en tu mar, sintiéndote correr en mi cuerpo como una llamarada sin parar.

Aquí estoy mirando en mi reloj volar el desesperado tiempo, pensar en ti todo el día es, fue y será mi mejor pasatiempo.

Aquí estoy contando los minutos que paso sin acariciar tu piel, mirando los segundos que paso, sin disfrutar tus ojos color miel.

Sol Barrientos

HAY AMORES

Hay amores que hechan
raíces en un solo corazón,
ni tormentas, ni lluvias,
pueden apagar la pasión,
no hay tiempo, ni distancia
que puedan acabar con el
amor, y cuando estan juntos
todo tiene un nuevo sabor y
color.

Hay amores que dejan
huellas de su olor en la piel,
su amor es tan especial y
dulce como la miel.

Un alma rebelde y mil suspiros

Hay amores que se quedan
en la mente para siempre,
hay amores que no los
separa... Ni la muerte.

Hay amores que cruzan ríos
y océanos para volver a
verse. hay amores que son
fuertes como el hierro y no
dejan de quererse.

EL ILEGAL

Me dicen el mojado, me dicen el ilegal, Señor, yo nací con una visa internacional, yo soy legal, yo soy ciudadano del mundo, y yo nací para tener un éxito rotundo.

Me dicen el mojado, me dicen el ilegal, vivir es nacer, crecer y ser feliz es primordial, quizá, trabajar duro en el campo, es ser ilegal, acaso, ¿lastimar a un animal y a un ser humano es ser legal?

MUJER DE TERCIOPELO

Mujer... Es un corazón de
terciopelo, apetecible como
un caramelo, fuerte y
valiente como un roble.
dotada de un corazón noble.

Mujer... Es el ángel más
hermoso, a su lado todo
hombre es dichoso,
mansa como una blanca
paloma, y de gran
eminencia como una loma.

Sol Barrientos

Mujer... Es una guerrera invencible, con un corazón lleno de amor y sensible, es música viva en un triste silencio, su cariño tiene valor, mas no precio.

AMOR BONITO

Nuestro amor es un amor
bonito, tan grande mi
amor... Como el infinito,
y juntos los dos formarán
un nidito.

Nuestro amor es un amor
bonito, me quieres y te
quiero... Qué bonito,
y juntos el mundo se mira
chiquito.

Nuestro amor es un amor
bonito, y tu nombre en
voz alta grito, ven...
Seamos felices yo invito.

ALMA MÍA

Ven alma mía... Ven pronto, ven a dar paz al alma mía, ven que desesperada estoy sin ti, que sin ti... No vivo los días.

Ven alma mía... Que un día, son muchos minutos de agonía, desesperada cuento las horas del día, para vivir contigo toda la vida.

Un alma rebelde y mil suspiros

Ven alma mía, ¿dónde estás? No hay un momento que no piense en ti, tenemos muchos sueños que cumplir, ¡ y muchas vidas que vivir !

GANAS DE TI

Me perdí un día... Por ti y contigo, y enamorarme de ti... Fue mi castigo,
y ese día te clavaste en mi piel, haciéndome una herida profunda y cruel.

Nos perdimos en ese oasis de placer, sin importar lo que pudiera suceder.
y viajamos juntos a lo desconocido, fue un placer haberte conocido.

Tus manos me condenaron
a morir, porque sólo tus
caricias me hacen vivir.
tu boca me desgarró el
alma, porque tus besos me
quitaron la calma.

INSOMNIO

Sufro de insomnio por pensar en ti, por quererte cerca... Muy cerca de mí, mi mente cansada repite tu nombre, yo quiero que tú seas mi hombre.

Sufro de insomnio por ti... Cada noche, despierto pensando en ti a la medianoche sufro de insomnio y por tu culpa no duermo, y si un día no te miro... Yo de amor enfermo.

ADOLESCENCIA DORADA

Hoy recuerdo mi
adolescencia, como si fuera
un dulce amanecer,
y ese corazón lleno de
inocencia, hoy es la
experiencia de un atardecer.

Hoy recuerdo mi
adolescencia, como olvidar
tu dulce sonrisa,
transparente y sin malicia,
y esas ganas de vivir de
prisa.

Sol Barrientos

MUNDO DE PLÁSTICO

Vivimos en un mundo de plástico, y usar tanto plástico será drástico,
el plástico es un material milagroso, y su desventaja, es ser peligroso.

Vivimos en un mundo de plástico, y todo ésto suena muy fantástico, su fabricación produce contaminación, usar bioplástico, es la gran solución.

UNA PESADILLA

Anoche soñé... Soñé vida
mía que moría y entre
aguas cristalinas yo me
perdía, que aún después de
fallecida me querías,
y despierto y dormido... mis
besos pedías.

Como loco gritabas al mar
que me querías y llorando
besar mi cuerpo al mar tú
pedías, día y noche en el
mar tú me buscabas,
y que los días pasaban y no
me encontrabas.

Sol Barrientos

Una noche mi cuerpo
intacto el mar te entregaba,
y con lágrimas en mis ojos
te decía que te amaba,
después de rogarme mil
veces que contigo
regresara, te rendiste y
cerraste mis ojos para que
en paz descansara.

Desperté llorando y te
abrace con mucho amor,
feliz de estar a tu lado y
sentir tu ardiente calor,
sonriendo me miraste con
una mágica pasión,
y mi rostro acariciabas
cantándome una canción.

LA MALDICIÓN DE LA BRUJA

Llegará ese triste, cruel y anunciado día, y ellos no volverán a mirar la luz del día, mi sangre caerá gota a gota sobre sus cabezas,
y sobre las de sus hijos, cumpliéndose mis promesas.

Lágrimas de sangre por días enteros llorarán,
y en las noches frías solo pesadillas tendrán, y al cerrar sus ojos... Sólo a la muerte verán.

Sus conciencias no los dejarán vivir en paz, y salir de ese negro infierno... No podrán jamás, y como Judas Iscariote... Acabarán con su propia vida, y se arrepentirán de todo daño que me hicieron en vida.

Un alma rebelde y mil suspiros

UNA MONJA

Una monja por decisión, y no por vocación, no fue suficiente amar a Dios con el corazón, y no fue suficiente ser buena por convicción, y encerrarme no fue una muy buena decisión

Una monja por decisión, y no por vocación, encerrarme en un convento por desilución, porque el cariño sincero lo ofrece sólo Dios, y los problemas

no se solucionan con un
adiós.

Una monja por decisión , y
no por vocación, al final de
cuentas no sé si fue mi
desición, o desición de
otro... Por convenirle mi
prisión, me captaron...
Ahora soy una más en la
religión.

POEMA ROSA

Un poema Rosa para las
mujeres hermosas,
el ser más divino... Entre
todas las rosas, mujer no
descuides tu salud... Es
prioridad, amarte y cuidar
tu cuerpo no es vanidad.

Un poema rosa... Para la
mujer más valiente,
la que lucha por su vida...
Esa mujer inteligente,
la mujer que pelea una
batalla con la muerte
mujer cuídate... Nunca
dejes de quererte.

BESO DE COLORES

Regálame un delicioso beso
rojo, es de buena suerte el
beso de un pelirrojo,
beso que se obsequia al
corazón, con una pasión
que te hace perder la razón.

Regálame un suave beso
blanco, dámelo... hermoso
barbiblanco, beso que se
obsequia al alma,
cuando ya no importa
nada... Sólo tener calma.

Un alma rebelde y mil suspiros

Regálame un duro beso
negro, pero que malo eres
barbinegro, beso que se
obsequia a la muerte,
para qué quiero la vida... Si
no puedo tenerte.

Regálame un tierno beso
rosa, este es el beso de la
chuparosa, beso que se
obsequia en situación
peligrosa, el que siempre va
acompañado con una rosa.

Regálame un caliente beso amarillo, aquel que se entierra a tu cuerpo como un cuchillo. Me vuelve loca la energía que tienes de un chiquillo, me quiero casar contigo... Ya cómprame el anillo.

Regálame un amoroso beso morado, beso que se obsequia... cuando alguien está enamorado. Amor... Yo quiero un beso recalentado, te lo voy a obsequiar yo... Porque tu estás enojado.

HOY

Hoy amaneció lloviendo a mares diamantes, hoy recibí rosas amarillas, elegantes y brillantes, para recordarme que siempre hay una luz al final, y que un tropiezo nunca será el final.

Hoy amaneció lloviendo a mares diamantes, hoy recibí rosas amarillas, elegantes y brillantes, para regalarme un mensaje de amistad y verdad, y nunca estaré sola en la adversidad.

Hoy amaneció lloviendo a mares diamantes, hoy recibí rosas amarillas, elegantes y brillantes, rosas que simbolizan la alegría y agradecimiento, rosas que gritan... En la vida existe el sufrimiento.

LA VIDA ES CORTA

La vida es muy corta, para
no beber el mejor vino,
degustar de los mejores
vinos... Es lo más divino.
la vida es muy corta, para
no nutrirse con exquisitos
manjares, y no llenar con
las más hermosas rosas,
todos los altares.

La vida es muy corta, para
no escuchar la mejor
música, disfrutar el mejor
café por las mañanas con
música clásica,

la vida es muy corta, para no vivir con la persona que amas, la vida está para ser feliz cada instante…Y no vivir con dramas.

La vida es muy corta, para no amar con el corazón a la familia, mirar el cielo y no contar todas las estrellas… En una noche de vigilia.

La vida es muy corta, para no viajar por todo el mundo, y no amar con todo el corazón y gritar…Te amo cada segundo.

SAN MIGUEL ARCÁNGEL

Para que me cuide y proteja tengo un Ángel y todos le llaman San Miguel Arcángel, me cuida y protege con sus alas día a día, me despierta con un beso y me dice buen día.

Me cuida en mi camino que recorro solitario, y aleja de mí con ternura a todo adversario, con su mágica espada se presenta muy formal, y no permite que nadie me haga mal.

Por las noches me cuida
cuando duermo,
velando mis sueños cuando
yo estoy enfermo,
todas las mañanas
encuentro una pluma de
color dorado, al despertar le
rezo y nunca me siento
desamparado.

TE MARCHASTE

Te marchaste sin importar mi agonía, y vivir sin ti... Es una osadía. Nos separamos sin darnos una oportunidad, sin importar que nuestro amor era de verdad.

Te marchaste sin decirme adiós, y me dejaste embriagada en tu olor, cada noche le pido con fe a Dios, que me quite este inmenso dolor.

Sol Barrientos

EL AMOR DE MI VIDA

Te amo y no sé ¿por qué ?
Te amo y siempre te amaré,
y más halla del cielo y
del infierno te recordaré.

Te amo y no sé ¿por qué?
Si un día partiera de esta
vida, mi alma y mi espíritu
te buscarían para seguirte
amando cada día

Un alma rebelde y mil suspiros

MADRE AUSENTE

Hoy es día de las madres...
Y estas ausente, Madre
mía... Fuiste y serás mi
mejor confidente, ahora
eres la estrella más hermosa
del firmamento, no puedo
abrazarte y lloro de
sentimiento.

Hoy es día de las madres...
Y estas ausente, Madre para
mí fuiste... La mujer más
inteligente, para mí
fuiste la mujer más buena

y la más hermosa, el tesoro más valioso... Fuiste la piedra más preciosa.

LAS TROMPETAS

Las trompetas gritan
injusticias sin parar,
las leyes a ese sin
vergüenza, no pueden
parar, las trompetas falsas...
Producen sonido de locura,
él miente, blasfema y ríe de
todos con frescura.

Las trompetas son tocadas
por un chacal, y algunas
veces la locura se vuelve
angelical, las trompetas

falsas visten con pieles de
color dorado suenan con ira
y odio cuando el chacal está
malhumorado.

Un alma rebelde y mil suspiros

GRACIAS SEÑOR

Gracias señor, por todos estos bellos y mágicos regalos, por regalarnos cada día la fuerza para pelear y no ser malos. Gracias señor, por regalarme tantas lluvias de bendiciones, por la sabiduría que me regalas, para tomar buenas dediciones.

Gracia señor, por cobijarnos en noches de mucho frío, por abrazarnos fuertemente, para quitarnos el escalofrío. Gracias señor,

por protegernos de personas
de corazón malvado, de
regalarnos el triple, de todo
lo que en la vida nos han
robado.

Gracias señor, por
perdonarnos por las veces
que hemos pecado,
por las batallas y
guerras...Que con tus
oraciones hemos ganado,
gracias señor por alejar de
nuestro camino... A todo
ser mezquino, por bendecir
cada día en nuestra mesa,
nuestro pan y el vino.

Gracias señor, por
protegernos de toda mente

enferma y retorcida,
por alejar de nuestra vida,
toda esa gente mala
agradecida, gracias señor,
por ablandar los corazones
que sufren en contra
nuestra, por cuidarnos de
nuestros enemigos a diestra
y siniestra.

Sol Barrientos

EL MUNDO LLORA

Cuando el corazón llora
lágrimas de sangre, cuando
en África la gente muere de
hambre, cuando el corazón
grita fuerte de dolor,
cuando en afganistan los
niños mueren por falta de
amor.

Un peón y una reina

Título del cuento: Un peón y una reina.
Written by: Sol Barrientos.
Diseño de portada: Desconocido.
Editor: Rafael Arellano.

UN PEÓN Y UNA REINA

Érase una vez... Dos bebés que nacieron en palacios diferentes, un niño de nombre Orbe Lin de tez blanca y una niña de tez morena de nombre Edilma. Edilma era frágil, delicada, valiente y bella, además de un montón de características físicas dignas de envidia, suponía una encarnación del sueño de casi todos los caballeros. Edilma era una mujer muy inteligente con una mirada adusta mostrando claramente que ella no

Un peón y una reina

podía ser engañada por nadie, ya que era en extremo perspicaz. La reina Edilma había heredado de su padre palacios, castillos, mansiones, granjas, fincas agrícolas e incluso calles enteras. Orbe Lin era un joven fuerte, amable, inteligente y bello. Orbe Lin y Edilma crecieron y se conocieron cuando eran adolescentes y se enamoraron, sin embargo, no pudieron estar juntos y tomaron caminos diferentes. Edilma tomó su reinado gobernando y Orbe Lin se convirtió en un peón. Como el señor Dios los mandó a la tierra para cumplir un mandato juntos volvieron a mirarse en edad adulta... Como ellos estaban destinados a casarse, tener hijos y ser felices, no podían dejar de verse.

Orbe Lin y Edilma no podían cumplir su destino porque un brujo gay de nombre Burdock y una bruja de nombre Báthory le hicieron un maleficio al peón que le afectaba a los dos. Ellos le hicieron un daño al peón en tiempos separados, primero él y después ella.

El brujo Burdock lo odiaba, Burdock era un hombre canoso, de tez morena clara y tenía un cuervo grande como amigo llamado Blacky, el cuervo tenía su misma edad, ya que nacieron el mismo día y el mismo año. Burdock amaba al cuervo y se enorgullecía de saber que el cuervo era entre todas las aves el que tenía el cerebro más grande y era el más inteligente entre los animales del planeta. El cuervo graznaba breve y bajo para avisar al brujo Burdock cuando un extraño se acercaba a su choza y en caso de peligro eminente emitía una cadena de graznidos potentes, y desagradables.

La bruja Báthory era una mujer de pelo largo de color negro, de un cuerpo escuálido, con una nariz grandota y la tez muy pálida, casi verdosa. La bruja Báthory vestía con ropas oscuras y sus zapatos eran puntiagudos. Báthory tenía un gato negro que la acompañaba a buscar hierbas en las noches de luna, porque eran las noches en las que podía ver. El gato se llamaba Kevin y dormía con ella para proteger su cuerpo astral y cuidarla mientras dormía de espíritus indeseables. Kevin era el protector de Báthory en el mundo energético, el tiempo que pasaba despierto limpiaba las energías intrusas de la casa y en las noches cuando dormía filtraba y transformaba la malas energías en energías positivas... Como decía Antonie Lavoisier " La energía no se crea ni se destruye, tan sólo se transforma"

Un peón y una reina

La bruja Báthory tenía un gran libro viejo donde consultaba para preparar sus conjuros y hechizos con distintos propósitos, para hacer daño a quien odiaba; para atraer la pasión amorosa de alguien; para invocar a los muertos; para suscitar calamidades o impotencia contra enemigos, rivales u opresores reales o imaginarios; para resolver un problema el cual se convirtió en obsesión y ya no importaba por qué medio se resolviera.

Un peón y una reina

El señor Dios estaba enojado porque el brujo Burdock y la bruja Báthory estaban tratando de compararse con él. Ellos se sentían Dioses, con poder para decidir sobre la vida del peón y la reina, entonces el señor Dios dijo... Burdock y Báthory pagarán ese daño que le hicieron a la reina y al peón... El no podrá casarse con la reina como ellos quieren, sin embargo, el peón se casará con una mujer que lleve el apellido de Burdock y de su sangre para que vea y sufra en carne propia todo lo que el peón quiere que sufra, que

Un peón y una reina

la sangre de Burdock sufra mucha miseria, hambre, engaños y mucha infelicidad en lo sexual y económico, y toda descendencia de Burdock quedará maldita por cuatro generaciones y el peón sólo quedará libre de ese maleficio con la muerte de Burdock, quedando toda la descendencia de Burdock libre de la maldición en sus cuatro generaciones.

Burdock verá sufrir al peón con alguien de su sangre, los verá morir de hambre e infelicidad, si es que llegara a casarse. La reina Edilma sabía de esa maldición pero estaba molesta con el peón y no sabía si dejarlo en esa maldición o ayudarlo y casarse con él, para que acabara esa maldición y todos fueran felices en diferentes tiempos y diferentes lugares.

En el castillo se celebraría una fiesta en honor de la reina para escoger a su esposo, a la fiesta estaban invitados caballeros solteros con diferentes títulos de la realeza y la nobleza como emperadores, reyes soberanos, reyes vasallos y emperadores-reyes. La fiesta era un protocolo, porque la reina Edilma simpatizaba con el emperador Máximo y al casarse con el emperador Máximo automáticamente se convertía en emperatriz, dejando de ser reina soberana, dejando de gobernar un reino, dejando de gobernar un país para gobernar varios países, para gobernar un imperio.

El emperador Máximo era un joven delgado, blanco y muy atento. Edilma sentía un gran cariño por el emperador, algunas veces se confundía con el cariño que sentía por el emperador Máximo y el peón Orbe Lin. La reina sentía una conexión mágica con el peón, podía sentirlo y escucharlo por las noches en distancia. Cuando la reina Edilma descansaba en su lecho entre sábanas blancas de seda, al cerrar sus ojos veía llorar al peón por ella, llorar de amor, de impotencia y de soberbia. La reina Edilma era una joven berrinchuda, caprichosa y muy autoritaria, y el peón no tenía la paciencia necesaria para quererla. Cuando el peón y la reina Edilma bajaban la guardia, ellos podían platicar, y era entonces que entre plática y plática la reina Edilma podía escuchar un suspiro del peón Orbe Lin decir ¡Edilma estas aquí, por fin!

El oráculo decía que quien tratara de ayudar al peón estaría poniendo su vida en peligro, entonces para salir triunfante tenía que ser un brujo muy fuerte espiritualmente y muy valiente, primero tenía que matar al brujo Burdock y después encontrar y convertir a la bruja Báthory en un árbol como castigo. En base a la respuesta del

Un peón y una reina

Oráculo la reina dio la orden de buscar al brujo más poderoso para ganar esa batalla ofreciendo cincuenta monedas de oro. No lo encontraron, todos tenían miedo a morir y su respuesta siempre era la misma... Que ni todo el oro del mundo que se les pagara les devolvería la vida, si murieran.
Entonces la reina preguntó al oráculo donde se encontraba el mejor brujo valiente y fuerte. El Oráculo le dijo que sólo ella podía salvarlo, porque en sus venas corría el poder de la magia de sus antepasados.

Un peón y una reina

El Oráculo le dijo que tenía que viajar varios días para buscar al brujo Burdock y matarlo, que tenía que viajar en un unicornio porque era mágico y le traería buena suerte y felicidad, tenía que llevar una espada mágica para cortar el daño y tres colibríes vivos que representaban al amor y le guiaran en el camino para llegar donde se encontraba Burdock, y poder matarlo.

Entonces la reina se despojó de su vestimenta de reina y se vistió de guerrera, partió a buscar en

un hermoso unicornio al brujo Burdock , llevaba la espada mágica de sus abuelos y los tres colibríes que la llevarían a encontrar al brujo Burdock y a la bruja Báthory.
El unicornio era un macho y se llamaba Justice y tenía algo en común con la reina Edilma, vivía su vida en soledad, los nombres de los colibríes eran Belly, Totti y Dody y la espada tenía unas letras grabadas en oro que decían destino y que fue entregada a la reina junto con un libro con un título en oro que decía Edilma, era un libro de conjuros y hechizos de magia.

En la primera página del libro decía:

1. - Si dañas a una persona pagarás por ello, recibiendo el triple del mal deseado.

2. - Cuando lances un hechizo de ayuda a otros o de alivio, un karma de triple fuerza regresará a ti.

3. - Existe el libre albedrío.

Ésto es la libertad divina de poder pensar, hacer, decir y sentir como queremos, de ser personas buenas o malas, de poder decidir con quien estar, etc. Nadie tiene derecho a decidir por el otro, ni en el amor, ni el vestir, ni en el comer, etc., Nadie debe violar el libre albedrío de otra persona, al querer controlar la voluntad del otro estamos violando su libre albedrío.

Algunos seres humanos son débiles y quieren controlar la voluntad del otro por medio de amarres, y actúan impactando directamente sobre este derecho divino que todos los seres humanos tenemos, haciendo amarres de amor, forzando a una persona a estar con otra en contra de su voluntad, ya que si no está cerca de ella, no vive, no duerme, vive atormentado por los espíritus malignos que solo lo dejan en paz cuando se acerca a la persona que pide o hace el amarre de amor. En la brujería un amarre no dura más de 10 años o a veces mucho menos, cuando eso caduca, todo el mal que has hecho recae sobre la persona por ley divina. Si realmente amas a la persona que quieres amarrar, piensa que por amor debes respetar su derecho divino a la libertad, su libre albedrío. Si realmente lo amas no querrás tenerlo a tu lado sabiendo que en realidad quisiera estar a lado de alguien más. Si realmente lo amas, también eres capaz de amarte a ti misma, y saber que el tiempo es sabio, y si los separo es para que llegue a tu vida alguien más capaz de amarte de verdad sin necesitar obligarlo con amarres de amor.

Un peón y una reina

Dentro del libro había un sobre con una carta que decía:

A Edilma:

Edilma... Cuando recibas esta carta, es porque recibiste la espada del destino y el libro de magia con tus letras grabadas en oro. Cuando recibas esta carta habremos muerto muchas generaciones de tu sangre, en este momento sabrás que por tus venas corre sangre de videntes, clarividentes, gitanos y médiums. Cuando recibas

esta carta entenderás
muchas cosas, entenderás
porque podías comunicarte
con muertos, familiares y
no familiares, entenderás
porque veías el futuro, el
pasado y el presente,
entenderás que esas caricias
que sentías cuando estabas
triste eran de verdad, eran
de cariño y de mucho amor
de los que te conocieron y
de los que no te conocimos
en persona, sin embargo, te
conocimos en visiones y en
sueños mi valiente reina
Edilma.

Mi reina... El amor
verdadero existe y el amor

Un peón y una reina

verdadero lo puede todo.

Primero encontró a Burdock y luchó con él por varios días, hasta que lo mató. Después de matar a el brujo Burdock, la reina fue a buscar a la bruja Báthory para convertirla en árbol y para después mandarla hacerla leña para usarla en tiempo de frío. Entonces en ese momento el peón se desmayó y tres colibríes volaban a su alrededor y él mencionaba un nombre... El nombre de la reina... Edilma.
Después el peón se subió a su caballo blanco llamado power y se fue a buscar a

la reina, no sin antes conseguir un traje de un rey, para asistir a la fiesta de la reina donde escogería a su esposo.

Finalmente, la reina regresaba a todo galope montada en el unicornio al castillo muy agotada pero feliz, triunfante. Una fiesta se celebraba en un castillo en honor de la reina Edilma y la reina estaba ausente. Mientras la reina corría a todo galope montada en el unicornio para llegar a su fiesta, el peón cabalgaba en un caballo blanco rumbo al castillo para bailar con su reina.

Por fin la reina Edilma llegaba al castillo e inmediatamente sus damas de compañía la ayudaron a vestirse para la fiesta que se celebraba en su honor para escoger a su futuro esposo.

El vestido de la reina Edilma era un elegante clásico europeo en color verde esmeralda en satín.

La reina usó una tiara con quince círculos de diamantes dentro de los cuales había engastada una

Un peón y una reina

esmeralda en la misma forma en cada círculo.

La reina Edilma bailó varias horas con varios caballeros de diferentes títulos de la realeza y la nobleza como emperadores, reyes soberanos, reyes vasallos y emperadores-reyes, hasta que le tocó el turno de bailar con el peón Orbe Lin. La reina Edilma escogió al peón Orbe Lin para su esposo sabiendo que era un peón con sangre azul, un rey que fue despojado de su trono por la ambición de su tía porque quería que su primo tomara el poder.

Un peón y una reina

El peón fue coronado con
una corona diseñada en oro,
decorada con gemas y
piedras preciosas y
los bordes del círculo de la
base y de cada una de las
diademas estaban
decoradas con hileras de
perlas. El rey sostenía el
cetro de la cruz y el cetro
de la paloma en el
momento de ser coronado.

¿Qué sería de mí, si me arrojara a la pasión? Y, ¿qué sería de ti, si te robara el corazón?

-Sol Barrientos-

www.ingramcontent.com/pod-product-compliance
Lightning Source LLC
LaVergne TN
LVHW041225080426
835508LV00011B/1089